첫돌 기념집 • 엄마맘마①

엄마라는 이름으로 다시 배우는 걸음마

글 황수아

도서출판 책마을

첫돌 기념집 • 엄마맘마

엄마라는 이름으로 다시 배우는 걸음마

글 황수아

프롤로그

저는 시인이 아닙니다.

그냥 글을 너무나 좋아하는 사람일 뿐입니다.

길을 가다가 시멘트 사이를 비집고 나온 잡풀을 보면서 잡초에게 하고팠던 말들, 말없는 잡초에게 배울 것들, 내가 그 누구에겐가 들려주고 싶은 것들…

이 모두를 노트에 적어서 장롱 속에다 쳐박아 놓았던 글들을 이제 하나 둘 정리 해 봅니다.

사랑하는 아기에게 선물로 주려구요.

내 사랑하는 아이에게 오래도록 기억에 남는 무언가를 해주고 싶었습니다.

좀 더 특별하고 좀 더 의미있는…

엄마의 이 마음을 보여주고 싶었습니다.

그래서, 아기 때문에 얻은 출산휴가를 아기를 위해서 값지게 쓰려합니다.

나중에 우리 아가가 커서 엄마의 마음과 또 자신의 성장은 이랬다는 것을 알게 되는 것이 가장 큰 선물이라 생각하기에 이 세상 다른 엄마들에게도 보여봅니다.

직장 다닌다고 학교 다닌다고 시간이 없어서 못 했던 일을 아이를 출산하고 그 출산휴가 기간에 그 짧은 시간을 이용해서 값지게 나를 그려봅니다.

또 나중에 내 아이가 커서 이글을 본다면 엄마가 얼마나 자기를 소중히 생각하는지를 알겠지요.

사랑하는 엄마 마음을 말하지 않아도 알겠지요.

수민아, 사랑해…….

순서

4 · 프롤로그

1부
한 아이의 엄마가 되어

12 · 내 딸
14 · 내 아가 오공주
16 · 너도 엄마 되어보면
19 · 눈빛
20 · 세 번 태어나다

2부

초보 엄마의 일기장

임신 소식 · 24
출산 · 29
사랑하는 내 아가 · 30
우리 아가야 · 32
우리 애기 특기 · 34
육아일기 · 35
신생아들은… · 41
육아상식 · 42

순 서

3부

장롱 속에 갇혀 있던 글들

50 · 각인
51 · 공수레공수거
52 · 길
53 · 꿈속에서
54 · 내 속의 나
57 · 다시
58 · 당신에게로 가는 이 길
59 · 도전장
60 · Let's go
61 · Mind I
62 · Mind II
63 · 삶
64 · 비 • 1
66 · 비 • 2
67 · 비 • 3
68 · 세월
69 · 쉼표

心 · 70
아무 때나 · 71
알다가도 모를 것 · 72
우리사랑 · 73
원점 · 74
웃겨 · 76
이별과 만남 · 77
인생 · 78
이 세상은 · 79
자아를 찾아서 · 82
자연 · 83
작심삼일 · 84
지우개 · 85
천당과 지옥 · 86
후회하지 않는 오늘 살기 · 88
흔적 · 89
희망사항 · 90

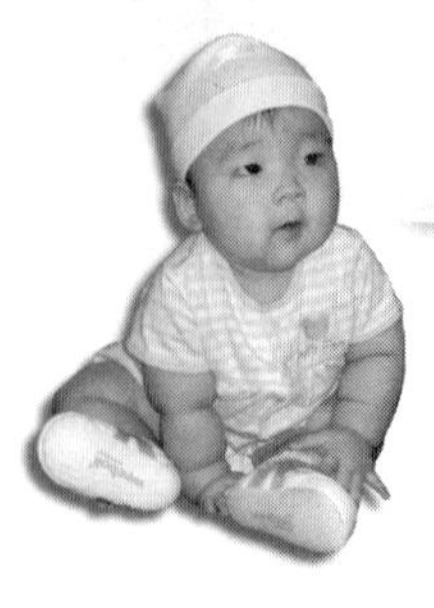

순 서

4부
사랑이란 단어를 알게 해주신 분들께

92 · 내가 제일 사랑하는 분
94 · 두 손 모아
96 · 엄마
98 · 여보 당신!
100 · 사랑하는 울 시엄니
101 · 울 큰 형님
102 · 이 세상에서 울 엄니 송편이 제일 커
104 · 졸업식
105 · 지울 수 있다면, 되돌릴 수 있다면
106 · 내 가족들을 향한 나의 바람들
109 · '다음 생'이란 것이 있다면
110 · 황수아

1부

한 아이의 엄마가 되어

내 딸

천사 같은 내 딸
배고플까 봐 울기 전에 젖 물리고
찝찝할까 봐 울기 전에 기저귀 갈아주고
잠 올까 봐 울기 전에 재워준다
이렇게 애지중지愛之重之 키운 내 딸이
커서 나처럼 내 속 썩이면 어쩌지
그때에 난 어떡하지

LOVELY
MY FAVORITE

내 아가 오공주

잘 때도 젖
자고 일어나서 놀다가도 젖
배고파도 젖
엄마젖만 찾는 내 딸 수민이

잠자다가 젖 달라고 뒤척뒤척거리면
어김없이 젖을 물린다
눈을 감고 젖을 1분쯤 쪽쪽 먹고 나서는
젖꼭지를 마지막으로 세게 쪽~
빨아당겨 보고는
제 볼일 다 본양 '휙'
반대쪽으로 돌아누워
한 쪽 발은 인형에다 걸치고
입맛을 얌얌 다시며
잠에 빠져든다

입 힘이 세져서
젖꼭지를 세게 잡아당길 때는
아픈데도 웃음이 난다
우리 아가 하는 짓 보면

웃음이 나온다

나 어릴 적 울 엄마도
지금의 나처럼
아파도 웃었겠지

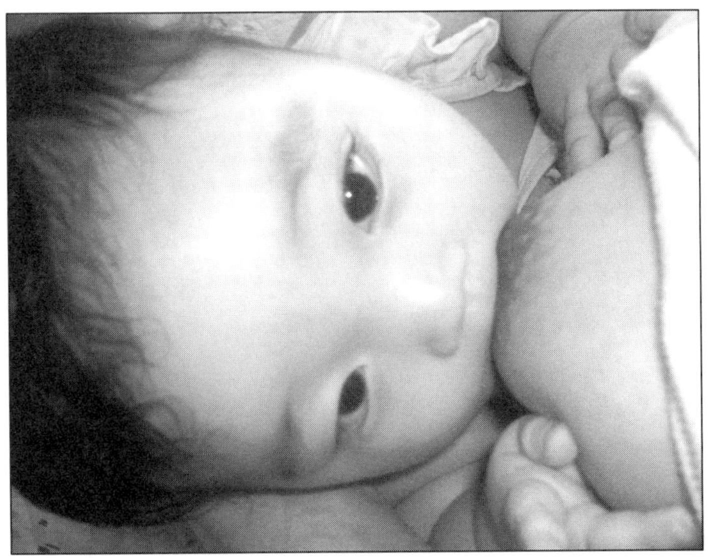

너도 엄마 되어보면

"너도 엄마가 돼 보면 알 것이다
이 어미의 심정을…
자식 낳아 키워 보면 그땐 알 게다
알게될 때 쯤은 이미 늦었다는 것을…"

고3 때였습니다
철이 왜 그리도 없었을까요
참 부끄러웠던 시절입니다
너무나도 엄마 속을 많이 썩여
가슴에 맺힌 것은
언제까지나 가지고 가야할 제 가슴멍울입니다

서른두 살, 딸 아이를 낳았습니다
수술을 했는데 마취에서 깨면서
어지러움과 함께 수술부위의 통증
정말 아팠습니다
두 번 다시 겪고 싶지 않을 정도로
너무 아파서
너무 아파서

이 세상 엄마들이 다 위대해 보였습니다
제 배 아파 낳은 자식을 보았습니다
눈 코 입…
그 조그만 입으로 하품을 하고
아, 재채기도 합니다
뭐가 맘에 안 드는지 눈에서는
눈물이 흐릅니다
참으로 신기합니다

모유를 먹여야 건강하다고 해서
모유를 먹이려고 젖을 짰습니다
이 또한 너무나 아팠습니다
온가족이 동원되어 맛사지를 했는데
그때야 알았습니다
아이에게 주려고 젖을 짜면서
아픔은 뒷전이었고
가족들이 맛사지를 해주는데
부끄러움도 뒷전이었고
그렇게 여자에서 엄마로 변한
제 자신을 보았습니다

제 엄마 생각에 눈물이 났습니다
이제 그렇게도 철없이 굴며
가슴 아프게 했던 울 엄마에게도
잘 하려고 합니다

엄마, 죄송합니다
철없던 시절 저 때문에
가슴 아파 했던 시간들
되돌릴 수만 있다면 되돌아가서
속썩이지 않고 잘 해 보겠는데
되돌릴 수 없는 시간

앞으로는 후회하지 않을 만큼은
하고 살겠습니다
잘 살겠습니다

눈빛

널 백일쯤 키워보니까
너의 눈빛이 뭘 말하는지
배가 고픈 건지
안아달라고 그러는 건지
이제 조금은 알겠더라
네가 말하지 않아도
네가 뭘 원하는지 네 눈빛만 보고도 알 수 있는
언제까지나 그런 부모이고 싶다

세 번 태어나다

밥 좀 앉혀놓으세요
걸레 빨아서 방 청소도 좀,
쓰레기도 좀,
제 어깨도 좀 주물러주세요

이 모든 부탁
당신은 한 번의 짜증도
힘든 내색도 없이
웃으면서 해주었죠

당신이 고맙습니다

공주 대접 받게 해 준,
이런 순간을 만들어준,
우리 아가 오, 햇살도
고맙습니다

여자는 두 번 태어난다죠
한 번은 엄마의 딸로
한 번은 자식의 엄마로

하지만 나는 세 번 태어났습니다
당신의 아내로 한 번
더

NY

2부

초보 엄마의 일기장

임신 소식

평소와는 달리 소변이 자주 마려웠다. 며칠 동안 계속되는 잦은 소변으로 엄만 이상이 있나 해서 병원에 갔다. 엄마가 앉아서 일하는 것보다 서서 일하는 시간이 많기 때문에 또 소변을 참는 일도 있어서 소변쪽에 이상이 생긴 줄 알고 외할머니랑 병원에 갔었는데 글쎄…….

생각지도 못한 말을 들었다. 임신이라는 거야. 내 뱃속에 생명이 있다는 거야. 감사하는 마음에 울고, 기뻐서 울고, 너무 행복해서 울고… 엄마도 울고 외할머니도 울고 웃고. 아빠에게 전화해서 알리고… 너무너무 행복해서 온 세상이 너무 아름답게만 보였다.

조심조심 또 조심하면서 먹고 싶은 것은 다 먹었다. 다행이도 입덧은 하지 않아서 엄마가 고생을 덜었지. 된장을 그리도 좋아하더라. 된장을 먹으면서 된장국에 빠지고 싶다는 생각을 한 적은 처음이였어. 그리고 또 김치도 좋아하더라.

그렇게 입덧도 안하더니 태어나서도 잘 먹는 우리 애기. 그 탓에 너의 몸무게는 표준보다 2kg이나 더 나가고. ^&^

분유 먹었다 모유 먹었다, 고맙게 잘도 먹는구나.

5개월까지는 모유만 먹이고 6개월부터는 이유식도 함

께 하고 있다.

엄마 잘하고 있지?

이제야 좀 알겠다.

그래도 또다시 임신을 하라면 망설일 것 같아. 약간, 조금 힘이 들었거든.

이제 산모수첩 보면서 너의 성장기록을 적어 볼게.

5주째 점 한 개가 꼭 찍혀 있더니

6주째 심장박동이 뛰는 걸 들었다.

7주째 이틀 입원했다. 아기집에 피가 고여서 계속 누워있으라 한다. 이틀 동안 꼼짝도 않고 누워 있었더니 고인 피가 없어졌다. 신기했다. 아마도 외할머니께서 뜸을 떠 주신 것이 효험이 있나보다

8주째 팔과 다리 ^&^

9주째 태몽 : 아주 단단하고 손바닥만한 크기의 고디(다슬기) 따는 꿈을 꿨다.

10주째 태몽 : 큰 소나무 한 그루 밑에서 외할머니랑 엄마랑 고구마를 치마에 담는 꿈을 꿨다.

31주째 태몽 : 밤, 대추, 잣, 살구씨, 땅콩, 육포, 호두 등 모두 단단한 것만 골라 담는 꿈을 꿨다.

잘도 큰다 내 아기.

네 덕에 엄마 몸무게도 늘어나고, 뱃살을 숨기지 않고 내 보이는 것이 이렇게 행복 할 줄이야.

병원에서 하라는 검사는 다했다. 모두 정상! 그렇게 잘 자라주다가 31주째에 엄마가 일하다가 배가 아파서 직장 동료와 회사 가까운 병원에 갔었는데 의사선생님께서 애기가 위험하니 집에서 누워있으라고 했다. 그 말에 너무 겁이 나서 당장에 출산휴가를 내고 집에 와서 쉬었다. 며칠 쉬고는 괜찮아 졌어. 내 딸 수민이가 엄마 힘들다고 빨리 휴가 받아 쉬라고 배가 살짝 아팠던 모양이다. 그 덕에 엄만 시집도 내게 되었고, 아빠는 내근직에서 외근직으로 바뀌어서 좋아했고. 우리 아이 수민이는 행운아인게 틀림없어.

그런데 내가 다녔던 산부인과에 유방검사 하는 곳이 있어서 외할머니께서 유방검사를 받아봤는데 유방암이라고 했다. 우리는 모두 깜짝 놀랐단다.

지금은 유방암 수술을 2007.09.28에 마치고 항암치료 6개월 후 약물치료 중이시다.

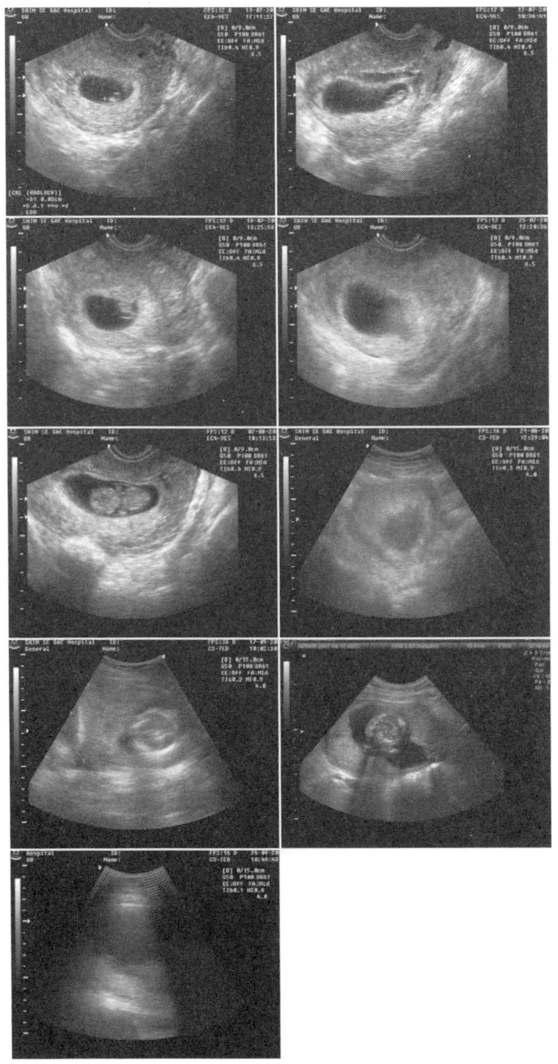

외할머니께서는 우리 수민이 덕에 유방 검사도 받아 본 거라며 우리 수민이가 효손이라 말씀하신다. 엄마 배 속에서 외할머니 건강하게 해달라고 우리 기도했었지. 행복하게 살게 해달라고. 이제 제발 아프지 않게 해달라고. 엄마랑 우리 민이가 함께 기도 했었지. 그 덕에 외할머니께서는 건강을 되찾아 당신이 좋아하시는 공부도 하면서 즐겁게 생활하고 계신다.

엄마는 집에서 쉬면서 예전 학창시절에 써놓았던 시(글)들을 정리해서 엄마 손으로 직접 편집을 하여 한 권의 책으로 엮었다. 「소중한 서른두 해의 시간들」 이란 책인데 외할머니와 아빠의 도움으로 책을 낼 수 있었단다.

이 소중한 책을 우리 수민이 첫 돌 때 친지 분들께 감사의 선물로 드리려고.

그런데 하다보니 엄마가 욕심이 생겨서 아예 시집을 출판하기로 마음을 먹었단다. 우리 착한 아이에게 좀 더 특별한 선물을 주기 위해서란다. 그러고 보니 우리 수민이 덕에 엄마와 우리 가족이 한 것이 너무나 많구나.

내 소중한 딸아, 사랑한다.

너의 깔깔거리는 웃음 때문에 우리 가족 모두의 피로가 가신다.

출산

2008.02.11. pm6 : 03 엄마 배를 통해 울 아기 이 세상에 나왔다.

3.3kg에 51cm로 보통 체격을 가지고 아주 예쁘고 건강하게 엄마한테 왔단다. 자연분만을 할까 했는데 이왕이면 좋은 게 좋다고 외할머니께서 며칠 동안 보고 또 보고 너의 생일을 정해주셨다. 이름도 정해주시고.

우리 애기 너무 보고 싶었다.

어떻게 생겼을까?

눈은 아빠 엄마 닮아서 클까?

너를 보는 순간 너무 예뻤다. 눈물이 날 정도로……

마취에서 깨어나면서 너의 눈, 코, 입을 처음 보았다. 넌 엄마를 보면서 하품을 했지. 그 모습을 보고 엄마도 잠이 들었다. ^&^

아주 조그만 너를 애지중지 뱃속에 품고 가슴 졸인 날이 참 많았다.

널 낳고 백일동안은 엄마 잠 한 숨 못 잤는데… 너 또한 세상에 길들여지느라 많이 힘들었겠지. 백일이 지나고 나서부터는 엄마나 너나 조금씩 편해진 것 같다.

사랑하는 내 아가

아가야, 그거 아니?

엄마가 엄마 되기 전에는 옆에서 남의 아기가 울면 시끄럽다고 속으로 투덜거렸고, 버스에서 애기 젖먹이는 엄마를 볼 때면 내가 더 부끄러웠고, 동생 집에 놀러가서 어린 조카 기저귀 갈 때면 냄새를 피해 멀리서 딴 짓 하는 척 했고, 애들이 먹다 남긴 아이스크림을 주저 없이 먹는 엄마들을 볼 때면 저걸 찝찝해서 어떻게 먹나 근심했단다.

헌데 지금은 길가다 낯선 아기가 보채거나 울면 혹시 어디가 불편한 건 아닐까 걱정스레 쳐다보게 되고, 밤중에 곤히 자다가 너의 숨소리 박자가 약간만 틀려도 눈을 번쩍 뜨게 되고, 네가 응가를 하면 그것의 상태나 색깔로 너의 소화 여부와 건강 여부를 알아보느라 여념이 없고, 네가 먹다 남긴 사과는 어느샌가 엄마의 입안에서 아삭아삭 씹히고 있고, 공공장소에서도 네가 젖 달라고 보채면 부끄럼 없이 젖을 물리는 엄마자신을 발견하곤 한단다.

그만큼 엄마에게 있어서 너의 존재는 이미 엄마자신보다 더 아끼는, 세상에서 둘도 없는 소중한 존재란다. 엄마가 너에게 해 줄 수 있는 것은 다 해주고 싶단다.

네가 성년의 날을 맞이하면 너의 탯줄로 만든 탯줄도장과, 너의 첫 머리카락으로 만든 붓인 태모필과, 너의 성장이 기록된 맘스북과, 너의 신생아시절 기록인 50일, 100일, 200일, 300일에 맞춰 찍은 성장앨범과, 너로 인해 생긴 돈을 모은 적금통장과, 너로 인해 만들어진 엄마의 시집 「소중한 서른두 해의 시간들」을 선물로 주려 한단다.

엄마가 욕심이 많지?

그러나 너에겐 아낌없이 주고 싶단다. 아주 특별하게 마련한 이 소중한 선물들을 네 성년의 날에 주면서 말할 거란다.

"엄마가 주는 이 탯줄도장과 태모필과 성장앨범과 맘스북과 적금통장과 이 시집이 모두 네가 이 험한 세상 살아가는데 도움이 되기를 바란다. 또 이로 인해 네가 조금이라도 더 행복하길 바라는 마음이란다. 사랑한다."

수민아,
아픈 마음을 다스릴 줄 아는 사람으로 자라다오.
건강하게 자라다오.
세상의 예쁜 것들만 보면서 자라다오.
내 사랑하는 공주야.

우리 아가야

아가야
내 사랑하는 아가야
엄마 아빠는 아직 인생을 잘 알지는 못해
지금도 인생을 현명하게 사는 일에는 서툴단다
그렇지만 실망하진 않아
모자란 것을 조금씩 조금씩 메워 나가는 것
그것이 인생일 테니까

사랑하는 내 아가야
엄마 아빠는
너를 어떻게 키워야 가장 좋은가에 대해서
잘 모르고
많이 지혜롭지도 못해
그래도 너를 예쁘게 건강하게
잘 키우고 싶단다

더 많이 너를 껴안으려고 한단다
더 많이 너의 손을 잡으려 한단다
더 많이 너와 눈을 마주치려 한단다
더 많이 너의 말을 들으려 한단다
더 많이 너와 대화 하려 한단다

아가야, 사랑하는 우리 아가야
엄마 아빠는 너를 올바르게 가르칠
준비를 열심히 하고 있단다

하지만 어떻게 해야 좋은 건지는
우리도 잘은 모른단다
그래서, 기도를 드린단다
너에게 참 인생을 가르쳐 줄 수 있는
지혜와 용기를 달라고

아가야, 너는 이 세상에서 가장
소중한 존재인 걸 알아야 한다
이 엄마에게,
아빠아게
목숨과도 같은
소중한 존재인 것도 알아야 한다
사랑한다

우리 애기 특기

잠 잘 때 큰대자로 잔다
웃을 때 코를 찡그린다
엄마를 더 좋아한다
배가 고프거나 화가 나면
참다가 참다가 크게 성질낸다

⋮

생후63일째	옹알이 시작.
생후73일째	성장앨범 촬영.
생후110일째	드디어 드디어 뒤집었다.
생후120일째	까르르 웃는다.
생후133일째	64cm. 9kg.
생후147일째	뭐든지 잡고 입으로 가져간다.
생후182일째	엎드려서 아래로 내려간다.
	이가 나오기 시작.
	이유식 시작.

육아일기

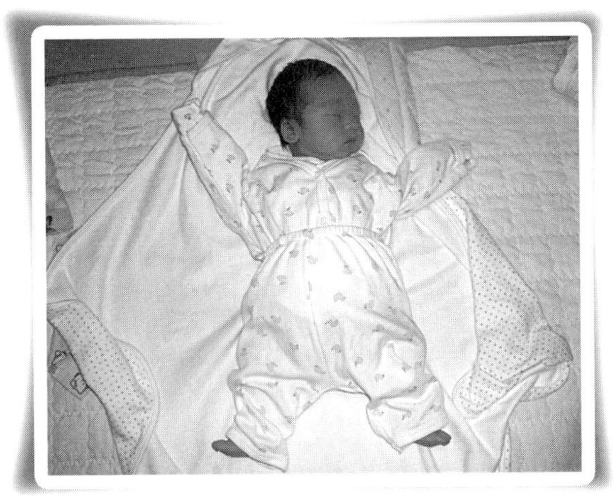

2008.4.4

7:30 오른쪽 젖을 물고 대大자로 자고 있는 우리 아가
예쁜 내 새끼
아빠 오시면 어저께 택배로 온 모빌 달아줄게.

2008.4.5

우리 아가가 일어나면 엄마도 일어나고
자면 엄마도 자고…
우리는 일심동체.
우리는 하아나.

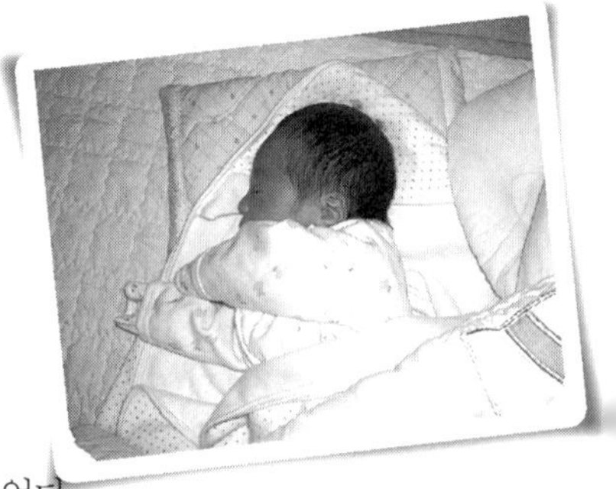

2008.4.19

우리 애기 엄마 보면서 웃었다.
밥 달라고 조르더니 눈을 감고 먹는다.
꿀꺽 꿀꺽…….

2008.4.24

AM:08:00
우리 민이 생후 73일째 되는 날이야.
오늘 성장앨범 촬영하러 간다.
촬영하고 병원가서 예방접종 DTPa. 뇌수막염 하고.
우리 민이 컨디션이 좋아야 할 텐데….
우리 민이는 만세를 하면서 엄마 옆에 누워 자고 있다.
귀여운 내 새끼.

PM:18:00
우리 애기 예방접종 하다가 넘어갈 뻔했다.
놀랬는지 똥이 퍼렇다.
기응환을 먹이고…….

2008.4.25

민이가 분유를 안 먹은 지 8일째다.
분유를 안 먹으려 한다.
모유만 먹으려고 해서
엄마는 자다가도 젖이 모자라서 미역국을 먹는다.
외할머니가 끓여주시는 맛있는 미역국을…….
자다가 새벽에 미역국 끓이는 외할머니 뒷모습.
고마움에 눈물이 맺힌다.

2008.4.30

민이가 서서히 본색을 드러낸다.
성질이 드러나기 시작한다.
울면서 막 넘어간다.
기저귀 갈고 젖 주려 했는데

넘어가는 바람에 기저귀도 못 갈고
젖 먼저 물렸다.
울면서 넘어가는데… 놀랐다 엄마는.

뇌수막염, 폐구균 접종.
아파서 우는데, 엄마도 울었다.
이렇게 조금씩 커가는 우리 아가를 보니
뿌듯해진다.

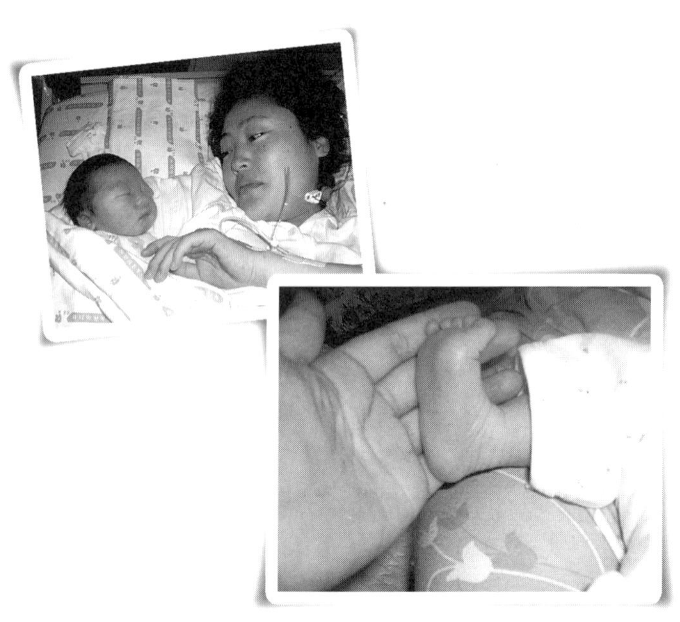

2008.5.13

수민아, 엄마 아파.
추웠다가 더웠다가 어지럽기도 하고.
속이 울렁이기도 하고, 뼛마디가 쑤시기도 하고…….
근데 우리 민이에게 모유를 먹여야해서
약도 제대로 못 먹는다.
한 20분 울었나?
도저히 아파서 외할머니랑 엄마랑 잠시 병원에
갔다왔는데, 우리 민이 울고불고 난리났네.
미안하다 내 딸.
병원에 가니까 엄마 장염이래.
그래서 감기기운도 있고, 잠을 못 자서 피곤했나봐.
그래도 우리 민이 보면 행복하다.
병원에서 약을 처방해줬어.
약 먹고, 당분간 젖을 물리지 말라는 거야.
그래서 분유를 먹였더니 다행이도 잘 먹는다.
대신 엄마 젖은 탱탱 불고…….

2008.5.20

우리 민이 태어난 지 백 일째
백설기를 20되 했다.
쌀20kg.
백 일날 백설기를 100명과 나눠 먹으면 네가 좋데.
하는 일마다 잘 풀리고 소원성취 한다는 말에
떡을 많이 해서 다 돌렸다.
한 200명 정도 나눠 먹었지 싶다.
우리 애기 하는 일마다 자알 되길 바란다.
백일을 축하해요!

신생아들은…

하나. 젖을 먹이고 나서는 트림을 꼭 시킨다.
하나. 목욕은 따뜻한 공기에서 저녁에 하는 것이 좋다.
하나. 여름엔 땀띠가 생기지 않게 파우더를 발라준다.
하나. 겨울엔 트지 않게 보습크림을 발라준다.
하나. 열이 38도가 넘으면 해열제를 먹여야 한다.
하나. 예방접종 후에는 고열, 보채기, 두드러기 증상이 나타나기 때문에 오전에 맞는 것이 좋다.
하나. 예방접종은 각 보건소에서 무료로 맞힐 수 있다.
하나. 딸꾹질을 자주 한다.
하나. 공기가 바뀌어도 딸꾹질을 한다.
하나. 땀이 나진 않았는지, 오줌을 싸진 않았는지 자주 확인하고 항상 깨끗하게 해준다.
하나. 잠이 오면 손가락을 빤다. 걱정할 필요 없다.

아이를 가진 엄마라면 아이의 울음소리에 민감하다. 배가 고파 우는지, 찝찝해서 우는지, 놀아달라고 우는지. 애기가 뭘 원하는지 잘 캐치해야 좋은 엄마가 될 수 있다.

육아상식

-『人間行動과 社會環境』中에서

ㅇ성장 발달 순서

발생기 or 발아기 : 수정된 후 자리를 잡기 시작하는 시기로서, 약 2주간을 말한다.

배아기 : 수정난이 자궁벽에 착상한 후부터 임신 약 8주까지의 기간이며, 신체계통(호흡기, 소화기, 신경)과 각 기관의 발달단계에 따라 빠른 속도로 성장하게 된다.

태아기 : 임신 3개월부터 출생까지의 기간이며, 4개월이 되면 골격과 근육이 발달하여 팔·다리가 움직이며, 5개월이면 머리카락과 손톱이 보이고, 6개월이 되면 눈의 형태가 나타난다. 7개월이 되면 비로소 하나의 생명체로 구실할 수 있을 만큼 자라게 된다. 만일 7개월이 되어 조산할 경우 조산한 아이는 조산아 보육기(인큐베이터)에 의해 생존할 수 있다.

신생아기 : 출생 후 약 2주~4주간이며, 신생아들은 대부분의 시간을 자는데 이 기간 동안에는 요람에 누워서 머리도 잘 가누지 못하고 돌아눕지도 못하기 때문에 전적으로 엄마의 보살핌에 의존하게 된다.

유아기 : 출생 후 5주~2세 기간이며, 이 시기의 특징은 매우 빨리 성장하는 것이다.

아동기 : 2~6세

학령기 : 6~13세

청년기 : 13~22세

성인기 : 22~34세

중년기 : 34~60세

노년기 : 60~

○ 유아의 운동발달 단계

2개월 : 엎드린 상태에서 가슴 들기
3개월 : 몸 뒤집기
4개월 : 받쳐주면 앉기
6개월 : 혼자서 앉기
7개월 : 붙잡고 서기
9개월 : 붙잡고 걷기
11개월 : 혼자서 서기
12개월 : 혼자서 걷기
16개월 : 손잡고 계단 오르내리기
24개월 : 혼자서 계단 오르내리기, 달리기

ㅇ임산부가 태아에게 미치는 영향

1. 임신연령

16~35세이며, 16세 이하나 35세 이상의 출산은 선천적 결함의 여지가 많다. 특히 첫 출산의 경우에 더욱 많이 나타나는데, 40세 이상의 임산부에게서 태어난 아기들 가운데 다운증후군(염색체의 수가 1개 더 많은 것)의 발생률이 높다.

2. 임산부의 습관

흡연 태아의 심장박동을 느리게 한다.

음주 음주량이 많을 경우 태아의 신체 성장지체현상이 나타난다.

카페인 유산의 가능성이 있다.

3. 임산부의 정서

임신한 엄마의 장기간 계속되는 스트레스나 흥분은 태아의 건강에 직접적인 영향을 미친다. 임산부가 정서적인 스트레스를 경험 할 때, 태아가 평소보다 더욱 힘차게 자주 움직인다는 증거들이 있다.

임신 중 심한 스트레스로 고민을 하는 임산부에게서 태어난 아기들 중에는 발달이 느리고 허약하며, 이상 행동을 하는 아기가 자주 나타난다는 것이 확인되었다.

○감각기관의 발달

온도 감각

신생아는 온도 감각에 대해서도 반응을 나타낸다. 즉 신체에 차가운 자극을 주면 민감하게 반응하여, 호흡이 고르지 못하고 맥박도 일정하지 않게 나타난다. 그리고 우유의 온도가 너무 차거나 뜨거울 때에도 반응을 나타낸다. 신생아의 체온은 성인보다 다소 높아 37.8~38°C가량 된다. 그 이상이 되면 병원에 가 봐야 한다.

시각

눈으로 빛을 인식하는 시기는 생후 1주일이 지나서부터이다. 생후 2주된 아기에게 한 물체를 제시하고 그 물체를 아기에게 흔들어 보았더니, 아기는 그것을 단순히 쳐다보기만 했다. 그러나 2~3개월 된 영아들은 색채를 바탕으로 해서 물체를 식별할 수 있었으며 4개월경에는 하늘색, 노란색, 그리고 빨간색의 파장에 변별적으로 반응할 수 있었다.

청각

출생 직후에는 점액이 귀속에 차 있기 때문에 들리지 않지만, 1주일이 지나면 확실히 들리고, 2개월 후부터는 어머니의 목소리도 알아 들을 수 있다.

미각

출생 직후의 신생아는 미각이 완전히 발달해 있지 않다. 갓 낳은 아기에게 소금물이나 설탕물 또는 신 것을 혀에 자극시켜도 별 반응이 없다.

그러나 신생아는 성장속도가 대단히 빨라서 출생 후 하루만 지나도 단 것을 빨고 입맛을 다신다. 하지만 몹시 짜거나 신 것에는 얼굴을 찡그리고 호흡과 혈액순환이 불규칙하게 반응하는 것을 볼 수 있다. 이와 같은 반응은 매일 달라져 2주일이면 성인과 같이 적극적인 반응을 나타낸다.

후각

강한 후각 자극에 대해서는 얼굴을 돌리고 호흡과 맥박이 빨라진다.

딸꾹질

공기가 바뀌면 생긴다.

오줌을 누고 기저귀를 빨리 갈아주지 않을 때도 생기고, 땀 날 때 분을 발라주지 않아 끕끕해서도 생긴다.

눈꼽

눈꼽이 낄 때면 양쪽 눈 사이를 마사지 해준다.

얼굴을 씻길 때도 마사지 해주면 좋다.

첫 아이의 엄마가 되고서야 알게 된 것들과 아주 조금의 상식들. 아이가 하루하루 커가는 모습을 보면서 느껴왔던 것들. '아! 이쯤이면 뭘 하겠구나!' 하면서 우리 아이의 성장을 봐 왔었죠. 나중에 둘째 아이를 가질 때에도 알아두면 좋을 것 같은 것들을 정리해봤습니다.

이 세상 모든 예비, 초보 맘들도 알면 좋을 듯 싶네요.

3부

장롱 속에 갇혀 있던 글들

각인

무심코 던진 돌에 개구리 맞아 죽는다더니

아무 생각 없이
내뱉은 그 말이 나에게는
상처가 되더니 아직도
잊혀지지 않는 멍울이 되었다

몸에 상처가 나면 병원에 가서
치료 받으면 되지만
마음에 상처가 나면 병도 약도
소용없단 것을 알 것인데

어찌해서 너는
그토록 나에게
칼날 같은 말로 이 가슴에 상처를 주었던

아마도 너는 이 가슴에
상처 남겼는지 조차 모를 것이지만
칼은 입에 품는게 아니라는 말
꼭 들려주고 싶다

공수래 공수거

빈 손으로 왔다가

빈 손으로 가는 게 우리 인생사라지…

못 먹고 못 입고

모은 재물도

저 세상 가는 길에는

모두 허깨비라지…

길

봄을 재촉하는
비에
마음을 실어
여행길 오르니

촉촉이 젖은
풀잎들마냥
모든 것이 활기차게 보이네

지나간 시간의 길
지나간 나그네의 발자국처럼
봄비에 씻겨 흔적조차 없다

우리네 인생길 또한 이러하겠지

꿈속에서

꿈결인 걸 느끼면서도
꿈이 아니길 바랐다
그토록 보고 싶었던 모습
그리운 이름, 아버지

그 순간 꿈이 아니길 바랐다

그토록 보고 싶었던 얼굴 눈빛
손 내밀며 다가가는 순간
아무런 반응없이 사라져버렸다

꿈이 아니길 바랐다
하지만 꿈

또다시 보고픈 당신을 향해 두 눈 감았지만
바람의 어깨 뒤로 넘어갔는지
비구름 어깨 뒤로 넘어갔는지
흔적조차 없이 사라진

아빠

내 속의 나

두 눈을 감았다
그 속에 내가 보인다
작고 귀여운 내가 보인다
내가 어렸을 땐 저랬구나

맑은 눈빛
호수 같은 눈동자
방긋방긋 웃으며 어른들께
애교 부리는 저 모습
내가 어렸을 땐 저랬구나

아무 것도 모른 채 아무런 고민 없이
항상 밝은 웃음 짓는
그런 날이 있었구나

싫은 게 있으면 싫다고
투정부리는 그런 날이 있었구나

예쁜 인형이 보이면 엄마한테
떼쓰며 사달라 졸랐던

그런 날이 있었구나

잘못을 해
엄마한테 매 맞던
그런 날도 있었구나

우리 가족 모두
바다여행 간 적도 있었구나

아빠한테 어리광 피우며
엄마 모르게 용돈 타 쓰던
그런 날도 있었구나

그런 때가 있었구나
그런 날도 내게 있었구나
잊고 살았다

잊어버리지 말아야지
좋았던 추억 가슴어린 기억들 꽁꽁 묶어
영원히 간직하며 가야지

지난 날 내 생각 내 행동들은
나이들면 못 할 것들이니까
영원히 간직해야지

나도 저런 때가 있었다는 걸
저런 날이 내게도 있었다는 걸
잊지 말아야지

내 속에서 나를 본다
내 속에 내가 있다

다시

처음부터
사랑한 건 아닙니다
그저,
첫 느낌
괜찮다 생각했을 뿐

처음부터
잊으려한 건 아닙니다
그저,
사랑하기가
너무 벅찼을 뿐

이제 그 기억
다 토해내고 싶습니다
깨끗한 빈 속으로
다시 시작하고 싶습니다

다시

당신에게로 가는 이 길

당신에게로 가는 이 길이
때론 좁은 길이었으면 좋겠습니다
모든 걸 찬찬히 둘러보며 빠트린 것 없이 지켜보며
당신에게 향하고 싶기에

당신에게로 가는 이 길이
때론 비탈길이었으면 좋겠습니다
한발한발 내디딜 때마다
약간은 숨가쁘게
충족감을 느낄 수 있기에

당신에게로 가는 이 길이
혹 거친 길이라 해도
후회하지 않을 수 있습니다
그것 또한 제 스스로 택한 것이기에

도전장

내 삶에 무수한
도전장을 내민다
그러나 지나고 나면
낡은 도전장은 걸림돌이 된다

시간의 흐름에 따라
희미해져 가는 불빛마냥
난 오늘도 내일이 되면
희미해져 버릴 도전장에다
새 도전장을 내민다

오늘이 지나고 내일이 지나고
언젠가는 빛나는 날 맞이하겠지

Let’s go

목적지도 없이
무작정 걷기만 했다
걸으면서 생각했다
목적지

그 목적지를 가기 위해선
돈을 다 털어야 했다
걸음을 멈췄다
망설였다
오랫동안

다시 걸음을 옮겼다
빈털털이가 된다 해도
목적지를 향해 걸을 수 밖에 없다

항상 방해하는 너
항상 훼방놓는 너
그런 너를 찾아야 하니까

Mind I

이제는 정착하고 싶다
그곳이 내가 필요로 했던 곳이든 아니든
날 원하는 곳이면
이제는 정착하고 싶다고 생각하며 달린다

정착지라 생각했던 곳이
지났음에도 난
달릴 수밖에 없었다
멈출 수 없었다
계속 가야만 했다

여기가 어디일까
어디일까
진정한 나의 종착역은

이제는 정착하고 싶다
하염없이 날고 있는 저 새는
제 길을 알고 가는 걸까

Mind II

내 마음속 마음
네게 보여줄 수 있는 건
내 눈빛 뿐이겠지

내 마음속의 마음을
네게 알려줄 수 있는 건
서슴없이 흐트러질 수도 있는
내 행동이겠지

내 마음속의 마음을
네가 볼 수 있다는 건
네 마음이 내 마음의 뜻을
느끼고 있다는 거겠지
눈치 채버린 거겠지

삶

올 적에도
갈 적에도
그 어느 누구도 같이 할 수 없다
저 허공에 떠도는 바람이면 모를까
구름이면 모를까
나 혼자서 져야만 하는
마지막 짐 보따리,
삶

비 • 1

아직도 비가 내리고 있나
그칠 때도 된 것 같은데

언제까지 이 비
내릴 것인가

이 비가
그 비가 맞는건가
이미 그 비
그쳐버린 건 아닌가
새로운 비가
내리고 있는 건 아닌가

이젠 그 비 대신
햇살이 돋는다는데
난 왜 아직도 그 비를
그리워 하는건가

그 비의 그리움이
아직 씻겨 내려가지 않은건가

그 비의 그리움이,
낯선 햇살이,
묘하게 교차하는 이 순간

비 • 2

비가 오고 있어요
이 비가 그 비가 맞는지 모르지만
비가 오고 있어요
그렇게도 그리던
그 비가

비 • 3

어느새 햇살이 비추고 있다
그리움 속 그 비는
그쳤는가 보다
언제 비가 왔냐는 듯
햇살이 비추고 있다

따사로운 햇살이 내 몸에 닿는 순간
알았다
그토록 그리워 한 건 비가 아니라
따사로운 햇살이었단 걸

세월

10대에는 빨리 어른이 되고 싶고
20대에는 철없이 하루하루를 보내고
30대에는 결혼해서 자식 키운다고 세월 보내고
40대에는 아무 것도 안하고 어영부영 허송세월
50대에는 지나온 세월 후회되어
지금이라도 뭔가
다시 해보려고 뛰어들고
60대에는 하고 싶은 일 하면서 봉사활동도 하면서
사는 이 삶이 너무 행복하고 감사하고
70대에는 아프지 않고 건강하게 살았으면 하는
바람으로 산다

쉼표

평범한 사람을 만난다는 건 쉬운 일이지만
특별한 사람을 만난다는 건 쉬운 일일 수 없다
평범한 사람과의 이별은 흐르는 강물 같지만
특별한 사람과의 이별은 항상 아쉬움이 남는 것

心

한결 같은 마음은 없다

어디서부터 어디까지가
진실인지
나 자신도
모를 때가 더 많다

한결 같은 마음으로
세상을 본다면
너무 재미 없는 일일까

그래도
한결같은 마음으로
살고 싶다

아무 때나

아무 때나 전화하고
아무 때나 눈물짓고
아무 때나 짜증내고
아무 때나 미워하고
아무 때나 사랑하고
아무 때나 원망하고
아무 때나 이별하고
그래도 너를 사랑한다

아무 때나 옷 갈아입고
아무 때나 화장 하고
아무 때나 신발 신고
아무 때나 돌아다니고
한 번쯤은 '아무 때나'로 살고 싶다
한 번쯤은 '아무 때나' 걷고 싶다

알다가도 모를 것

그렇게
그리웁다가도
언제 그랬냐는 듯
미울 때가 있더구만

그렇게
예뻐 죽겠다가도
보기 싫어서 내가 먼저
뛰쳐나갈 때가 있더구만

그렇게
뜨겁다가도
얼음처럼 냉정히
차가워지기도 하더구만

사랑이란 것이 그렇게
손바닥 뒤집기더구만

우리 ♥ 사랑

사랑한다 말할 걸
좋아한다 말할 걸
떠나간 뒤에
사랑인 줄 알았네

너무 늦어버린 걸까
다시 돌이킬 수 없는 우리 사랑

다시는 이런 사랑
하지 말아야지 맹세해도
돌아오길 바라는
내 모습 뒤에 숨겨진 진실들
오늘도 눈물이 되어
가슴을 적시네

사랑은 오직 주는 것이라지만
내 사랑 영원히 받기만 바랐네

사랑이여
우리의 기억속으로 돌아와주오

원 점

의미 없는 당신의 그 말
당신의 그 눈빛
당신의 그 행동들이

나를
아주 작게, 작게
만들어버립니다

애타게 부르는 나의 말
눈빛
행동들을

당신은
알고 있으면서도
보려 하지도
들으려 하지도 않습니다

그 서러움 너무 가슴 아팠는데
그 의미없음에 상처 받은 이 가슴이

어찌하여
이제는 제가 당신에게
의미 없는 말로
노래 하는지
모르겠습니다
정말 모르겠습니다

웃겨

이제까지의 만남은
이별을 위함이었던가
이별 한 번 해 보려고
그 아름다운 추억들 만들었던가

하나하나 추억이 잊혀져 가고
추억마저 거짓으로 느껴질 때
기껏 이별 한 번 하려고
그 많은 시간을 보냈구나 생각하니
그리움 꾹꾹 눌러 참다가도
피식 웃음이 나온다, 웃겨

이별과 만남

널 잃고 나를 찾았다
영원히 함께 할 수 있는
나를 찾았다

네가 떠난
내 빈 가슴에
한자한자 나의 소리를 적어 넣는다

널 잃고 나서야 알게 되었다
방황과 이별,
비로소 나를 찾았다

인생

우리의 인생길은 거센 폭풍과도 같고
잔잔한 새벽이슬과도 같다 하더이다
인생길이 한낱 슬픔과도
같다하더이다
사람의 한 평생이
손가락 한 마디보다 짧고 허무하게
끝나버릴 수도 있다하더이다

한 평생 살아봐도 아쉬움만 맴돈다 하는 것은
말 그대로 생의 아쉬움이 맘속에
잔잔히 배어있기 때문일 거라 하더이다

이 세상은

-사바세계

너와 내가 발 딛고 서 있는
이 세상은
상상 못할 기운으로
뭉쳐 있단다
따스한 햇볕 아래
서늘한 그늘이 있는가 하면
태풍이 불고 소나기가 내리는
기괴한 날도 있다

너와 내가 발 딛고 서 있는
이 세상은
잠시도 우리들을 가만히
내버려 두지 않는다
때론 잔잔히 내리는 비로
묻어둔 아픔이
드러나기도 하고
뽀얀 눈송이들을 뿌려
천진난만한 꼬마로
만들기도 한다

너와 내가 발 딛고 서 있는
이 세상은
'사바세계'라 불리운다
'참고 견뎌나가는 세상'이라는 것이지

모든 것이 내 뜻대로만 된다면
세상이 어찌될까
순간은 좋을 것 같지만
우리 삶의 진정한 가치는
사라질 수 있겠지

그래도 이 세상은
우리들이 주인이다
태풍이 몰아치고 소나기가 내려도
꺾이지 않는 너와 내가 되자
'참고 견디어 나가자'

서늘한 그늘에 속아
마냥 쉬지 말자

나에게 이익이 생기면
손해 볼 때도 있는 법
있어도 없는 척 그렇게
저 들판의 꽃처럼
그냥 그렇게 우리 몫의 삶을 살기로 하자

'참고 견디어 나가는 세상'의 주인이
우리이기 때문에

자아를 찾아서

돌맹이도 아닌 것이
돌맹이 형태를 하고 있다 해서
돌맹이라 부르짖으면
이보다 더 작은 자갈들은
큰 바위라 부르짖겠네

자 연

산에는 나무가 있고
바다에는 수평선이 있고
들판에는 곡식이 있고
논두렁에도 양식이 있고
하늘에는 흰구름이 있고
땅에는 흙과 돌이 있고
우주에는 별과 달이 있고
지구에는 우리네 人間이 있고…

광활한 이 세상에
한 점 티끌로 와
잠시 쉬었다 가는
우리는 바람개비 돌팔이들

작심삼일作心三日

지고 말았다
너무 빠르게
너무 쉽게
어느 때보다도 더 비참한 오늘

변명따윈 하고 싶지 않다

무서운 적에게
너무도 쉽게 지고 말았다
아무런 예고 없이
준비 없이
비참함
한탄스러움

작심삼일作心三日 이란 말
이런 것이구나

이것도 하나의 발돋움인가

지우개

너처럼 나 또한 그러고 싶다
마음에 안드는 건 모조리 골라내어
지우고 싶다
그래서 후회하지 않고 싶다
그런데 말야
때론 기억하고 싶지 않은 경험도 해야,
지우지 못한 얼룩도 있어야
진짜 삶이 아닐까
땀도 있고
눈물도 있고
핏자국도 있는 인생길이
진짜 아닐까

천당天堂과 지옥地獄

내가 사는 이곳이 바로
천당이고 지옥이다

죽어 천당간다
죽어 지옥간다
이말 저말 해대지만
지금 내 사는 이곳이
천당이고 지옥이다

해도해도 끝이 안보일 때,
웃을 일이 없을 때,
답답하고 서글픔만 밀려들 때,
외로울 때,
힘이 들 때,
그 때가 지옥 이고

좋은 일이 연속될 때,
웃음꽃이 끊이질 않을 때,
행복할 때,
기쁠 때

즐거울 때
그 때가 천당

좋은 일 나쁜 일 손바닥 뒤집 듯
양면이 있는 곳
내가 사는 이 곳이 바로
천당이고 지옥이다

후회하지 않는 오늘 살기

세상은 찬바람과 폭풍우 따스한 햇살이 함께 공존한다

그런 날씨 변동 때문에
우리의 마음까지도 흐렸다 맑았다 하는 것일까
그 속에서 하루를 먹고
또 다른 하루를 위해 살아가고 있다

아픔이 있으면 기쁨도 있듯
이별이 있기에 우리 앞에
또 다른 만남이 찾아오는 것

슬픔이 지나간 자리 너무 미련 두지 말고
다가오는 또 다른 내일에
최선을 다하는 사람이 되어야겠다

지나가버린 것에 애타게 집착하면
오히려 스스로 불만이 생길 수도 있는 일

날마다 후회하지 않는 오늘을 살기

흔적

걸었다
무작정
아무런 생각없이
걷기만 했다

때론 쉬면서
때론 헐떡거리면서
무작정 걷다가
잠시잠시 쉬었다

그렇게
걸어온 길 되돌아 보니

흔적이
보이지 않는다

애써 눈 비벼대며
나의 흔적 찾으려 했지만
그러면 그럴수록 허무감만
뭉글뭉글 안개처럼 피어난다

희망사항

눈빛만 보고도
나의 마음을 짐작하는
그런 사람 만나고 싶다

아무리 화를 내고 짜증을 부려도
넓은 마음으로 감싸줄 수 있는
그런 사람 만나고 싶다

슬프다고 하기 전에
슬픈 미소 짓는
기쁘다고 하기 전에
기쁜 미소 짓는
그런 사람 만나고 싶다

자기 자신보다 나를 더
아껴 주고 사랑해주는
그런 사람 만나고 싶다

4부

사랑이란
단어를 알게 해주신 분들께

내가 제일 사랑하는 분

이 세상에서 난 이 분만 있어도
행복하게 살 수 있다
힘들 때나 기쁠 때나 많은 희망과
감사함을 안겨주는
나의 하나뿐인
엄마

그 고마움은 내가 어찌해도
다 갚지 못할 恩惠다
고려수지침요법사 자격증으로
불편하신 분들 위해 무료봉사를 하고
몇 년에 걸쳐 작명학 역학(명리학) 공부하여
무료로 이름 감정도 해주며
좋은 일을 하신다

"안되는 것은 없다, 하면 된다"
신념 하나로 살고 계시는 분
화끈하고 열린 성품
마음 먹은 것은 몇 년이 걸리더라도
꼭 해내고야마는 성품

옆에서 보고만 있어도 참 대단하다는 감탄사를
쓸 수밖에 없게 하는 사람
엄마의 봉사정신과 굳은 인내심을
나도 본 받아서 조금씩 흉내내 보기도 한다
엄마의 모든 것을 나는 사랑한다

울엄마 이연수님
사랑합니다
엄마의 무궁한 발전과
행복한 웃음과 건강이 언제나
함께하시길 두 손 모아 빕니다

두 손 모아

암이라 한다
다른 사람들의 얘깃거리라 생각했던 것이
엄마에게 닥쳐왔다
큰 일은 큰 일인 것 같은데
가슴에 와닿지 않는다
10시간의 수술
6개월간의 항암치료
5년간의 약물치료
구토, 현기증, 몸살, 붓기, 식욕부진
뼛마디 통증, 탈모…
어디 한 군데 성한 곳이 없다
이제 마지막 항암치료가 남아 있다
가족보다 자신이 이겨내야만 하는 숙제

이번 치료 끝나면
건강히 살 수 있기를
더 이상은 아프지 않고 살 수 있기를
행복하고 즐거운 일만 가득하기를
그래서 이제껏 힘들었던 과거
모두 다 잊혀지기를

모두 하는 일마다 소원성취 할 수 있기를
빕니다
빕니다
두 손 모아 빕니다

엄마

이 세상을 아름답게 보게 한
한 사람
바로 당신이십니다

희망이 있다는 것을 알게 한
한 사람
바로 당신이십니다

힘겨워서 쓰러지고 싶을 때
제 손을 잡아준
한 사람
바로 당신이십니다

목이 터져라 불러도 모자란
한 사람
바로 당신이십니다

모든 기억이 다 사라져도
미련 안 남지만
당신을 향한 제 기억이 사라지는 것은

끝없는 두려움입니다

당신은 제게 이런 큰 사랑이십니다
당신은 제게 이런 큰 희망이십니다
당신은 제게 이런 큰 기쁨이십니다

여보 당신!

여보 당신!

당신과 내가 만나서 사랑을 하고
가정을 꾸미고 한 아이의 부모가 되고
이렇게 살아가는게 인생인가 봐요

10대에 몰랐던 것을
20대에 배우고
20대에 깨우치지 못한 것을
30대에 뉘우치면서

그렇게 그렇게 세월 따라
인생 공부도 배워가면서 살아 가는게
인생인가 봐요

우리에겐 지나온 시간보다
남은시간이 더 많이 남아있어요
항상 그래왔듯
서로에게 힘이 되어주고
한 사람이 오르막길에 수레를 끌면

또 한 사람은 뒤에서 그 수레를 밀어주며
서로에게 도움이 되어서 우리앞에 힘듬이 찾아와도
거뜬히 이겨낼 수 있는 그런 가정 꾸며봐요

여보 당신!
당신을 만나 사랑한 것이 정말 잘했다고
나 스스로에게 말 할 수 있는 것처럼
항상 우리가정에 행복한 웃음만 존재하길 기도해요
먼 훗날,
지나온 시간을 돌이켜 봤을 때,
후회하는 일 보다
잘했다고 하는 일이 더 많이 있을 수 있도록
서로에게 아낌없는 격려와 사랑으로
예쁜 가정 만들어 봐요

사랑하는 울 시엄니

사랑하는 울 시엄니
자식들에게 뭐라도 한 가지 더해줄 욕심에
당신 몸 아끼지 않고 오늘도 밭일 나가신다

평일엔 공장에서 주일엔 밭에서
몸이 열 개라도 모자랄 당신

봄에는 푸른 채소랑 벌꿀
여름에는 갖가지 곡물을 갈아서 만든
미숫가루랑 옥수수
가을에는 잘 익은 호박 고구마랑 추수한 쌀
그리고 고소한 참기름
겨울에는 배추 무우 된장 간장

안가져다 먹는 것 하나 없이
잘 받아 먹고만 있는 자식들
그런 자식들을 하나라도 더 챙기시려고
오늘도 울 엄니
밭일 나가시네

울 큰 형님

맏이라서 든든하다, 하지만
내겐 든든함 이상의 의지처
남편이랑 다퉜을 때
시어머님께도 말 못하고
답답하기만 한 이 가슴
형님께 열어 보이면
답답함 풀어 주시는
나를 나보다도 더
잘 이해해주시는
친구같은 분, 울 큰 형님

이 세상에서 울 엄니 송편이 제일 커

맛있는 송편을 먹는 추석이 다가온다
추석이라면 맨 먼저 떠오르는 울 엄니 송편
엄니께서 먹어보라고 건네시는데
처음엔 왕만두인줄 알았다
알고 보니 엄니표 송편

주먹만한 송편에다 콩을 넣고 만든
울 엄니 송편
세상에 이만큼 큰 송편이 또 있을까?
주먹만큼 크면 송편 옆구리 터질만도 한데
터지지 않게 잘도 만드신다

가족들 모두 어머니 송편 한 번 보고는
“며칠동안 먹겠다”며 한바탕 웃음바다가 되고 만다
보기엔 그래도 영양만점인
갖가지 콩들이 들어가 있어서
맛이 일품이다
언제부턴가 추석만 다가오면
괜시리 엄니 송편이 먼저 기다려진다

엄니만의 깊고 독특한 송편 맛
난 언제쯤이나
나만의 맛을 지닌
내 송편을 만들 수 있을까

엄니! 이번 추석에도 주먹만한 송편
맛 볼 수 있겠지요?
항상 고맙습니다
항상 잘 먹겠습니다
사랑해요… 어머님

졸업식

오늘은 엄마 졸업식
우리 민이 엄마 졸업 축하해 줄 거지
아빠가 엄마에게 졸업 축하 한다며 꽃을 사주셨다
졸업식에 참석하지 못한 것을 아쉬워하면서
외할머니랑 엄마랑 민이랑 예쁘게 사진도 찍고 그
러자

어느새 졸업이네
입학할 적에 부푼 꿈을 안고 출발을 한 게
엊그제 같은데
그 2년이란 시간 동안 우리 민이도 만나고
사회복지사 자격증도 따고 시집도 내고
엄마는 해 놓은 게 많다
마음으로는 부자가 된 것 같아 기분이 좋네
사랑한다 내 아가

지울 수 있다면,
되돌릴 수 있다면

지우고 싶은 시간이다
방황하던 시절
엄마에게도
동생에게도
너무나 미안해서
그 기억 모조리
지울 수만 있다면 지우고 싶고
되돌릴 수만 있다면 되돌리고 싶다
누나답게
딸답게
후회하지 않게

어찌 그리 철 없었을까

지울 수만 있다면
되돌릴 수만 있다면
그렇게 하고 싶다
그럴 수 없기에 진정으로
고개 숙여 철없던 그 시간들을
용서 빌어본다

내 가족들을 향한 나의 바람들

1977년 1월생
대구 남구 대명동에서
“응엥~”

모든 음식은 다 잘 먹음
하지만 만들지를 못해서
신랑에게 미안한 마음

다른 건 몰라도 내 딸 수민에게
‘예절’ 만큼은 아는 사람으로
키우겠다는 다짐

사랑하는 내 친정어머니
2007년 이전 아픔들은 잊고
2008년 이후부터는 능인행의(이연수) 삶으로
건강하게 행복하게 즐거운
삶을 보냈으면 하는 기원

친정 집 버팀목 하나뿐인 동생
하는 일마다 소원성취 했으면 하는 바람

귀염둥이 조카 황성욱
씩씩하고 건강하게 자라길 바라는 마음

효심 지극한 우리 올케
뛰어다니는 것 만큼 성과 올릴 수
있길 바라는 간절함

이 모든 바람은
친정 식구들을 향한
나의 사랑입니다

항상 무엇이든 아낌없이 자식에게 주시려는
울 시어머님
항상 건강하셨으면 하는 바람

항상 다른 식구네보다 한 가지라도 더 챙겨주시는
시외할머님
오래오래 건강하셨으면 하는 바람

정민·소민·서은 우리 시조카들

이름만큼이나 바르고 예쁘게 자라길 바라는 마음

집안의 힘든 일은 항상 도맡아 하시는
우리 둘째 아주버님과 둘째 형님
어렵게 결혼한 것 만큼
항상 행복하게 잘 사시길 바라는 마음

우리 집안의 기둥 큰 아주버님과 큰 형님
하는 일마다 술술 잘 풀리길 바라는 마음
이 모든 바람에 꽃이 피고
열매 맺길 두 손 모아 빕니다

‘다음 생’ 이란 것이 있다면

다음 생이란 것이 있다면
지금의 내 가족 그대로
다시 만나게 해주세요
이제껏 살면서 가슴에 박힌 멍울
모조리 풀 수 있게

다음 생이란 것이 있다면
지금의 내 가족 그대로
다시 만나게 해주세요
이제껏 살면서 가슴에 담아두었던
나쁜 얘기든 좋은 얘기든
다 털어놓을 수 있게

그래서 언제가
헤어질 그 날이 오더라도
웃으면서 잘 가라고
인사할 수 있게

황수아

하이얀 백지 위에
한 자씩 한 자씩 써내려 간다
내 마음속에 간직하고 있던 이야기를
하나의 글로 완성시킨다
내 삶의 한부분
내 마음의 한 부분이다
고등학교 때부터 글쓰기를 좋아해서
친구들 연애편지 곧잘 대신
써주곤 했었는데
그것도 아련한 기억속 추억이 되었다
결혼을 하고 한 아이의 엄마가 되고
이제 서른의 내 삶 한 부분을
책으로 묶기 위해
그 추억속에 묻어두었던 내 글들을 꺼내
하나하나 정리한다
'이런 글을 내가 썼나?' 싶다
나는 문학을 전공하지도 않았고
따로 시공부도 해 본 적이 없다
그래서 내용도 짜임도 서툴다
다만 마음이 가는 대로, 느끼는 대로 썼다

쓰면서 즐거웠고
때로는 후련했다
그래도
이 글을 읽는 모든 사람들이
행복했으면 좋겠다
건강도 했으면 좋겠고
모든 소원성취 이루었으면 좋겠다
모든 이들에게
내 삶의 한 부분을 펼쳐 보인다는 것은
용기다
또한 이후의 내 삶이 더욱 건강하길 바라고
건강하겠다는 약속이다

황수아 시집

'엄마'라는 이름으로 다시 배우는 걸음마

2008년 9월 29일 인쇄

2008년 10월 4일 발행

지은이 / 황수아

펴낸이 / 손희경

펴낸곳 / 책마을

등록 제 342-2007-00005호

주소 / 대구시 동구 신암2동 501-1 연곡빌딩 5층

전화 (053) 942-5345

전송 (053) 942-5346

E-mail moonin01@naver.com

값 7,000원

ISBN 978-89-93329-03-2